F.B. Laurent Joseph

Un regard
sur soi

novum pro

© 2022 novum publishing

ISBN 978-3-99107-834-0
Relecture: Kathleen Moreira
Photos de couverture:
Liudmila Horvath, Iuliia Selina, Swillklitch | Dreamstime.com
Création de couverture, mise en page et paragraphe:
novum publishing

www.novumpublishing.fr

Il y a plus de 2 000 ans de cela,
Socrate nous a laissé ceci en héritage :

« Connais-toi toi-même,
et tu connaîtras l'univers
et les dieux. »

Qu'en avons-nous fait ?

PENSÉES

HISTOIRES VÉCUES

La réflexion de ce recueil, idées d'amour, de vérités, de respect
et de justesse, dans un monde ou l'argent règne en maître, où
ceux qui nous dirigent, au lieu de nous montrer l'exemple, sont
parfois les plus corrompu. Le mensonge est devenu normalité,
il n'y a plus de valeurs ... La vertu, à mes yeux, n'existe plus. Il
n'y a plus le respect de la Terre qui nous nourrit ...

Ces quelques mots seront, pour certains je l'espère, un petit
message, une ouverture d'esprit si infime soit-elle, vers une
autre vision de la vie que celle que nous connaissons, une vision tournée vers soi.

PRÉFACE

Un homme m'a dit un jour, il y a très longtemps, que le seul vrai combat important dans sa vie est celui que l'on doit mener contre soi-même. Il est le plus dur mais aussi le plus fantastique.

Ce livre est un recueil de poèmes, de pensées et de citations que je me suis fait à moi-même, ou pour certaines, reçues par le passé.

Ne voulant être ni un moraliste, et encore moins un donneur de leçons, en toute modestie et bien loin de me prendre pour lui, comme Marc Aurèle le fit de son temps. Elles sont liées à mes propres expériences.

Ayant un regard porté sur moi, souvent même une analyse – non par orgueil ou par narcissisme – ces pensées et ces citations m'ont permis d'avancer et de comprendre mon propre comportement et ce qui en découlait. Elles étaient souvent liées à une souffrance que je ne comprenais pas.

Aujourd'hui, alors qu'une petite partie de travail à été réalisé sur moi, mais il reste encore beaucoup à faire, je pense que cela pourrait servir à d'autres qui se posent également des questions sur leur propre existence.

Elles ont été pour moi des clés importantes qui m'ont ouvert les yeux vers une vie plus mesurée, plus saine et avec beaucoup plus de compréhension et de compassion.

Les histoires que vous allez découvrir dans la deuxième partie de cet ouvrage ont toutes été réellement vécues. Elles ont marqué mon esprit et ma mémoire à jamais. Elles m'ont permises de comprendre, au fil du temps, certains phénomènes naturels pour lesquels la plupart des gens ne prêtent aucune attention, et qui pourtant, ont une valeur inestimable pour tous les incrédules ou ceux qui ont perdu la foi.

*« Le sabre est l'arme du samouraï,
le verbe celle du poète.
Tous deux servent une cause et sont
parfois brefs et tranchants. »*

FB Laurent Joseph

HYMNE À L'AMOUR

**L'amour est en chacun de nous omniprésent,
inépuisable, si l'on sait lui laisser
la place qu'il mérite.**

**Si Dieu n'est qu'amour et que nous
sommes faits à son image, les femmes de cette
Terre en sont les premières émissaires.**

**Certains maîtres à penser disent
de lui qu'il est esprit.**

**Je le crois, sans nul doute, esprit subtil et féminin
peut-être, car j'ai rarement vu ailleurs que dans
ces êtres merveilleux que sont les femmes,
résider autant d'amour,
de tolérance et de compassion.**

Je dédie cette petite pensée sur l'amour aux femmes qui m'ont accompagnées toutes ces années : grands-mères, maman, belle-maman, compagnes de vie et amies.

Et un hommage encore plus grand pour toutes ces femmes tuées sous les coups donnés par leur mari, car à mes yeux, aucune humiliation subie ne peut justifier de tels actes.

Et à nous, les hommes, gros lourdaud que parfois nous sommes, apprenons à percevoir en elles toutes ces merveilles.

Voici le premier regard que nous pouvons avoir sur nous, les hommes.

Les femmes, par nature, donnant la vie, sont plus sensibles que nous.

Elles ont souvent plus de compassion également, et en elle un amour infini.

QU'EST-CE QUI NOUS ANIME ?

NOUS, CES ÊTRES FAITS À
L'IMAGE DE DIEU ?

LE CŒUR, NOTRE CŒUR !

**Ce petit moteur qu'est notre cœur,
il faut prendre conscience de sa puissance !
A travers lui naît l'exaltation de nos sens,
de nos sentiments, de nos pensées.
Brisé, avec beaucoup d'amour il peut être réparé.**

**Sans lui, sur cette terre et en ces temps,
aucun travail sur nous-mêmes ne peut être réalisé.
Qu'est-ce qui l'anime ?**

**Ce microcosme d'une force et d'une fragilité égalée !
Notre devoir, le protéger avec ce que mère nature,
de végétaux, sait nous donner, sans fumée,
bovidés, euphorie alcoolisée ou autres opiacés.
Ce petit moteur, pour l'entendre longtemps ronronner.
Ce petit moteur, notre cœur, notre allié.**

Jeune, on dit souvent que l'on est inconscient, insouciant et même vieillissant selon l'état de conscience que nous avons acquis, nous ne nous rendons pas compte de l'importance qu'il faut donner à nôtre corps, encore moins à notre cœur. Ce petit moteur qui pendant des années va travailler sans jamais se reposer pour nous maintenir en vie.

Nous le mettons à mal sans nous en rendre compte, parfois par ce que nous ingérons, par ce que nous fumons. Que ce soit de l'alcool, des sodas, des cigarettes, des drogues ...

Il m'est difficile à comprendre pourquoi, alors que tant de messages nous sont donnés sur ces produits néfastes pour la santé, que nombres d'entre-nous continuent de les ingérer.

Je l'ai fait, moi aussi par le passé, jusqu'au jour où un incident s'est produit par l'abus de café. Cela m'a fait prendre conscience de l'importance que nous devons accorder à notre être.

Je me souviens avoir croisé dans ma vie, deux médecins qui m'ont marqué.

Le premier m'a dit un jour, parce que mes enfants buvaient trop de sodas : « nous ne sommes pas constitués de 70 % de soda, mais de 70 % d'eau, alors buvez de l'eau ». Puis le second, j'avais 40 ans et des problèmes de dos, je n'avais jamais vu ce monsieur, mais dès que j'ai passé sa porte il m'a regardé et m'a dit : « Monsieur, arrêter de boire du lait ou de manger des produits laitiers. Votre sevrage est depuis longtemps passé vous êtes sevré, vous pouvez arrêter ! »

Boire ou manger des produits laitiers tous les jours à outrance, est néfaste pour la santé car ils sont chargés de graisses animales qui, au fil du temps, finissent par obstruer nos artères. Certains boivent de l'alcool, fument des drogues afin de masquer leur incompréhension de la vie, leurs souffrances, ou encore de faire reculer l'échéance de leurs problèmes qu'ils ont souvent eux-mêmes provoqués et qu'ils finiront par retrouver.

Ne vous y trompez pas, ce n'est pas un jugement de ma part, seulement une constatation que je me suis faite à mes dépens. Certaines souffrances étant très lourdes à porter, beaucoup d'entre nous pensent que l'alcool, la drogue, les aiderons à surmonter cela.

Croyez-moi, il y a d'autres manières. Bien plus saines, et plus valorisantes. J'ai moi moi-même pratiqué cette méthode pendant des années, toujours dans Ia modération, elle n'a jamais solutionné mes problèmes, ni apportée quelques réponses positives que ce soit. Donc soyons modérés.

En espérant que ces quelques lignes permettront à certains de prendre conscience de cela avant qu'à leur tour un incident malheureux ne leur arrive.

Les industriels, sur nos faiblesses et nos addictions ont bien su manœuvrer !

LE SOUFFLE

Que ce soit le nôtre ou bien celui du vent,
Qu'il soit doux ou bien puissant,
Il est présent à chaque instant
Ici-bas depuis Ia nuit des temps,
Il donne Ia vie ou Ia reprend.

Ayant conscience qu'il est très important,
Qu'il soit en nous ou dans le vent,
D'apprendre à l'écouter,
Afin peut-être un jour de s'éveiller
A sa véritable nature et à sa beauté.

Quand on parle du souffle qui donne Ia vie ou la reprend, étant semblable à notre Terre, il est la première chose que nous faisons quand nous venons au monde, et la dernière quand nous le quittons. Il fait partie de notre inconscient au quotidien, nous ne nous rendons pas compte que nous respirons. Cela se fait naturellement et pourtant notre souffle (la respiration) à pour nous une importance capitale, c'est ce que mon père m'a appris. Il régénère nos cellules. Lorsqu'en yoga il est pratiqué avec douceur et profondeur, il apaise le corps mais aussi l'esprit, il réconforte quand, en méditation, il nous renvoie à Ia découverte de nous-même.

Regardez comme il sait nous apaiser quand un médecin, face à un patient qui vient de subir un choc émotionnel lui dit : « Respirez, Madame/Monsieur, détendez-vous ! »

Oui, le souffle dans notre vie est important.

Pour Ia nature il en va de même. Le souffle du vent donne Ia vie par Ia pollinisation de certaines plantes, arbres, nécessaires à notre Terre, à nous également …

Mais violent, malheureusement, il peut aussi Ia reprendre. Nous le savons, nous l'avons déjà vu au travers de nombreuses tornades, tempêtes, etc. Malheureusement, les hommes et les femmes de cette Terre – dont je fais partie – ne savent plus respirer. Essoufflés par leur course effrénée pour l'argent et tous les bonheurs futiles qu'il engendre.

Pour Ia remercier de nous accueillir, nous lui offrons le pire des châtiments !

» Nous lui enlevons à petit feu, ces propres poumons.
» Nous Ia dépouillons de toute vie animale, de toute vie végétale, pour notre propre soi-disant bien-être ! Confort !
» Quand tout cela va-t-il s'arrêter ?
» Quand, à notre tour, nous ne pourrons plus respirer ?

LE VERBE

Important et puissant,
on dit de lui qu'il a créé le monde.
Capable d'apaiser et de réconforter
lorsqu'en douceur, il sait être donné.
D'expliquer, quand avec légèreté,
il sait être manié.
Mal employé, avec violence,
il peut aussi blesser et parfois même tuer.
Vital est d'apprendre à bien l'utiliser,
cet outil magnifique que
les Dieux nous ont légué.

Les tyrans de ce monde de différentes époques, même encore à ce jour, ont par le verbe et par le langage qu'ils utilisaient, été capables d'enflammer des peuples entiers contre d'autres peuples dans le but de les anéantir, pour une idéologie.

Oui le verbe, le langage est puissant !

Il peut tuer mais a contrario, il peut aussi apaiser comme le chuchotement remplit d'amour d'une maman à son enfant venant au monde.

L'ÉQUILIBRE

**Tant dans nos premiers pas,
que dans nos derniers,
il est parfois bien difficile à trouver.**

**Dans la vie, il est pourtant nécessaire
si nous ne voulons pas un jour,
dans les extrêmes tomber.
Il était la voie d'un sage qui s'appelait
Bouddha, nous apportant confort,
bonheur, puis santé. Qu'il soit pour notre
Terre ou bien en nous,
l'important est de le préserver.**

Avons-nous perdu notre équilibre ?
Celui de la Terre certainement, totalement déséquilibrée aujourd'hui ! Pourquoi ?

» Nos simples profits, nos ambitions, l'argent ... Nous l'avons mis à mal !
» Nous nous mettons nous même à mal parfois pour ce dernier.
» Nous sommes devenus, au fil du temps, esclaves de cet argent.
» Oui, nous avons perdu l'équilibre aujourd'hui.
» Quand allons-nous nous en rendre compte ? Lorsqu'il sera trop tard !

Un homme m'a dit un jour, et je le crois bien volontiers : « Si l'argent sur cette Terre n'existait pas, nous serions tous heureux ». J'ai au plus profond de moi une pensée d'amour envers ces hommes et ces femmes qui ont conscience de cela et qui se battent pour redonner à notre Terre et à nous-même un équilibre, cet équilibre nécessaire à Ia vie.

LE MENTAL

Le mental est éminent,
Capable de nous emmener au firmament,
Et dans les pires moments,
Nous projeter dans le néant.

Avec lui la maladie peut aussi nous toucher,
Mais, compris et maîtriser,
Il peut aussi nous redonner notre fierté.
Il est le haut quand il est notre allié,
Il est le bas quand de nos
moyens nous sommes évincés.
Mais face à lui, ne jamais se décourager
Et toujours garder en soi la visibilité de ce combat,
Avec ou contre soi.

Le mental, ha !!! Celui-là.

Pour un sportif entrant dans la compétition, un homme s'apprêtant à partir au combat (quel que soit son combat), le mental qui peut être modelé, forgé avec le temps, doit être sans faille.

Il fait partie intégrante de notre être, à nous d'apprendre à le comprendre et à tenter de l'apprivoiser, car c'est par lui que notre force peut être décuplée.

Il est en lien direct avec nos émotions qui, si elles ne sont pas contrôlées, peuvent, dans le pire des cas, nous évincer, nous faire perdre totalement nos moyens, voir dans les cas les plus extrêmes, nous anéantir totalement, moralement, physiquement.

Le mental, une fois que nous l'avons perdu, par les épreuves que nous pouvons parfois dans nos vies traverser, peut nous conduire jusqu'à la maladie psychique d'abord, physique ensuite. C'est pour cela qu'il est important d'apprendre à le connaître, avoir conscience de sa puissance dans les bons côtés comme dans les mauvais pour ne pas se laisser dépasser, déposséder de nos moyens par ce dernier.

Apprendre à faire de lui une force, un allié.
La méditation est un outil magnifique qui nous aide à cela.
Voilà encore une fois, une autre manière d'avoir un regard porté sur soi.

LA VIBRATION

Pareil à Ia musique d'un bol de méditation,
Qui, quand on le frotte avec douceur
émet une vibration,
Pareil à l'univers, tout dans ce monde
émet une vibration.

Notre voix, quand elle parle ou se met à chanter,
Notre corps, si l'on sait en silence l'écouter,
Nos pensées, reçues ou bien données.

Alors, quand allons-nous vibrer à l'unisson,
Pour redonner à cette Terre, une jolie vibration ?

Vous êtes-vous déjà senti vibrer de tout votre être par une émotion ?

Nous avons tous connu cela un jour. Mais qu'en est est-il de cette vibration intérieure ? L'avez-vous déjà découverte ? Faites l'expérience un jour, accordez-vous un moment de repos, de silence pour mettre fin, durant un instant à ce brouhaha quotidien qu'est notre vie de stress. Allongez-vous dans le calme, dans le silence, fermez les yeux, mettez des boules quies dans vos oreilles et appuyez légèrement sur celles-ci, sur vos oreilles avec vos doigts.

Vous découvrirez alors Ia vibration qu'émet votre corps tout entier, pareil au grondement profond de l'univers, car vous êtes vous-même un univers ! Faisant partie de lui, entendez cette vibration unique en harmonie avec celle de Ia Terre, entendre jusqu'aux battements de votre cœur cela est merveilleux.

Vivante, notre Terre aussi vibre sans cesse, sans que l'on s'en rende compte, nous sommes semblables à elle, nous faisons partie, nous aussi, de cet univers que nous ne savons plus écouter.

Prenons le temps, de temps en temps, de retrouver cette vibration qui est en nous, pour notre plus grand bien.

N'étant là que pour partager les prémices d'une certaine sensibilité que nous devrions tous avoir, je ne parlerais pas de l'état vibratoire d'une pierre, d'une fleur, d'un humain, et laisserai donc cela aux initiés, dont je ne fais pas partie.

Voici donc une nouvelle fois, une jolie manière d'avoir un regard porté sur soi.

LA CONSCIENCE

Présente en nous, elle a toujours été là,
Pourquoi alors, ne l'écoutons nous pas,
Ce guide bienveillant, cette petite voix.
Là pour nous aider à traverser Ia vie,
A Ia comprendre aussi.
Est-ce tant difficile que cela,
De l'écouter cette petite voix ?

Subtil, elle est cachée au fond de soi.
Apprendre à l'écouter, peut parfois
être un combat,Car en question,
Elle remet souvent nos décisions.

—·)}{(·—

Ange ou démon, mensonge ou vérité ?
Chemin de Ia raison ou bien absurdité ?

Voilà les choix que nous devons faire dans nos pensées, dans nos actes, dans nos vies, sans cesse.

Petite voix intérieure, notre conscience est là pour nous aider à faire les bons choix. Elle est ce petit choc électrique que nous recevons quand nous mentons.

Là aussi pour nous montrer Ia réalité quand, gonflé par notre orgueil, nous sommes inconscients du danger.

Elle est un niveau, un état, que nous avons ou pas, par elle passe notre propre évolution.

LA TERRE

D'une beauté nullement égalée,
elle est notre Mère nourricière.

Elle nous a vu naître, et mon dieu,
que lui avons-nous fait ?
Nous, ces enfants qui ne Ia respectons
plus dorénavant,
Pareils aux enfants d'aujourd'hui
avec leurs parents.

Elle est pourtant là, toujours présente,
aimante telle une maman pour ses enfants.

Combien de temps encore nous faudra-t-il pour nous
rendre compte de sa beauté ? De sa générosité ?

Un jour peut-être, conscients du danger,
saurons-nous alors, à notre tour l'aimer ?

LE TEMPS

Qu'il soit futur, passé, ou présent,
De l'Aube de notre vie
Jusqu'à son agonie,
Il est pour nous un compagnon
de route omniprésent.

Nul ne sait, quand sera sa fin,
ni même son commencement.
Ce qui est sûr, se sont pour lui, nos sentiments.
Nous l'aimons, mais le trouvons trop
court dans nos meilleurs moments.
Nous le haïssons, quand dans les pires instants,
il nous semble latent.

Quoi qu'il en soit, de lui, du temps,
Il faut se délecter de chaque instant,
Non pas dans le passé, ni même dans le futur,
mais bien dans le présent.

LE RESPECT

Le respect des autres, parfois tant désiré,
Passe par le respect de soi.
Être digne des êtres que nous sommes,
Vous les femmes, nous les hommes,
Dans nos actes, dans nos pensées.
Nous sommes semblables à cette Terre,
Notre Mère nourricière.

Prenant conscience que nous
sommes fait comme elle,
de feu, d'air, d'eau et de pierre,
Ne nous détruisons pas,
comme nous sommes en train
de le faire à notre Terre,
Pour tant d'artifices que sont :
argent, tabac, drogue et alcool,
Mais ayons du respect, et apprenons
à vivre en harmonie,
Avec nôtre semblable qui est la Terre,
Nôtre Mère nourricière.

Ce message reçu dans ma jeunesse doit être une nouvelle fois passé au plus grand nombre pour l'éveil de Ia conscience de tous.

LE TRAVAIL

Qu'il soit en nous, ou pour notre patron,
Important, il nous fait prendre
le chemin de notre évolution.
Confronté à nous-même au quotidien
dans ce que nous faisons,
Dans ce que nous pensons,
Par lui, de vraies valeurs nous découvrirons.

Courage, concentration,
mais aussi amour et joie, de le savoir bien fait.
A travers lui nous découvrirons aussi
ce qu'est générosité, don de soi et amitiés.
Il met souvent à rude épreuve notre courage,
Mais ne nous trompons pas, c'est grâce à lui que
nous nous grandissons.

L'AMITIÉ

Donnée ou reçue en toute sincérité,
Elle dévoile de nous de multiples beautés.

Le don de soi, bien souvent oublié,
La patience, peu defois accordée,
De l'amour sans compter.

La compassion,
Sans nul autre explication,
Mais aussi et surtout une joie
immense de se retrouver,
Pour célébrer ces multiples beautés,
Qui sont en nous, cachées.

LA TOLÉRANCE

Sœur de la bienveillance,
Cousine de l'indulgence,
Faisant partie d'une seule et même
famille que l'on appelle amour.

Elles sont en nous,
Blotties au plus profond,
N'attendant qu'une chose, les yeux posés,
Sur nos erreurs passées.

Faisant partie de ce que
l'homme a le plus à offrir.
Si toutefois sur lui,
Il a su avoir un regard
juste et éclairé.

—·❭❬·—

Apprendre à lire le livre de sa vie, avoir un regard sur ce que
l'on vit, conduit à dévoiler ce que nous refusons de voir : l'être
que nous sommes.

—·❭❬·—

Si l'homme était un peu plus mature, il considèrerait l'humilité comme quelque chose d'essentiel à sa vie.

C'est en se croyant supérieur aux autres, que l'on en devient inférieur.

En philosophie : tout comme le bambou, l'homme grandissant est toujours un peu tordu avant d'être droit.

Considérant l'univers, nous ne sommes rien et tout à la foi.

Le sabre est l'arme du samouraï, le verbe celle du poète, tous deux servent une cause et sont parfois brefs et tranchants.

Qu'il est bon de retrouver la petite lueur qui est en nous quand tout va mal autour de nous.

Il faut d'abord s'aimer soi-même et s'accepter tel que l'on en est, si l'on veut apprendre à aimer et à accepter les autres tels qu'ils sont.

On ne juge pas un homme sur ces erreurs de jeunesse passées, on honore celui qui s'est amendé.

La délivrance arrive et passe parfois par la souffrance.

Il arrive parfois, quand on est à l'écoute de soi, que l'on ait des messages venus de l'au-delà.

La vie est un combat, parfois contre les autres, souvent contre soi-même.

Le détachement est une des clefs de l'existence, qui évite bien des souffrances.

L'homme, dans sa folie, s'évertue depuis longtemps à faire reculer, à empêcher ce qui est par nature inévitable et nécessaire : la mort.

Un peu d'orgueil est nécessaire pour nous permettre d'avancer dans la vie. Trop d'orgueil peut nous faire chuter.

La colère que ressentent parfois les hommes contre leurs dieux, devrait être une colère contre eux même, car chaque homme a le choix de laisser résider en lui le divin ou le malin.

L'écriture pour un poète, n'est autre qu'un exutoire des maux et des blessures rencontrées dans sa vie.

En affaires, le pire ennemi de l'homme est lui-même. Sa propre naïveté de croire que le monde qui l'entoure et qui le sollicite lui veut du bien.

LA COLÈRE

Comment Ia maîtriser ?

Elle est parfois nécessaire, présente en nous elle peut nous rendre fou.

Quand l'injustice Ia provoque chez l'un, elle ébranle celui ou celle qui Ia reçoit.

Outils de communication ? Peut-être, mais entendons-nous bien, quoiqu'il en soit, il ne faut surtout pas Ia garder en soi.

Le mensonge

Mentir aux autres ou à soi-même ne sert à rien, car la vérité finit toujours par triompher. Peu importe le temps, peu importe l'endroit, que ce soit dans cette vie ou dans l'autre.

Même si l'on ne comprend pas toujours le dessin du divin, à tout évènement il y a un dessein.

L'humanité n'a rien compris. Elle détruit la planète pour de l'argent, pensant que cet argent lui apportera un bien-être et un confort, alors que c'est grâce à cette nature, au contraire, que nous avons tant de mal à préserver, que nous avons eu le droit jusqu'à ce jour au bien-être.

En fin de compte, nous n'avons d'autre choix que d'aimer nos ennemis autant que soi, prenant conscience que nous venons tous du même endroit.

Regarder la mer un soir d'été est comme un immense sourire que nous fait l'éternité. Peuplée de légendes incertaines, elle nous fait rêver, quand les mouette dansant dans le ciel, chantent pour l'éveiller (1992).

La vie est une pièce de théâtre, les acteurs que nous sommes y jouent une comédie qui peut être drôle, passionnante, inquiétante parfois ou simplement banale. Une fois cette pièce terminée, après leur mort, tous les acteurs se retrouvent derrière Ia scène afin de discuter de cette pièce de théâtre qu'était leur vie et qu'ils ont joués ensemble. De voir ce qui s'est bien passé, ce qui n'a pas été, et de travailler à ce que les futures représentations se déroulent de mieux en mieux jusqu'à se rapprocher de Ia perfection, du divin. Voici pour moi, ce qu'est Ia réincarnation.

Les enfants ne devraient pas juger leurs parents. Les parents ne devraient pas juger leurs enfants. Cela devrait être laisser au divin car tous commettront des erreurs. Aujourd'hui, comme de tout temps, les familles se déchirent et sont dans l'incompréhension. J'ai pu m'en rendre compte tout au long de ma vie, que ce soit dans ma famille ou dans celles de nombreux proches amis.

Le problème de tout cela, bien évidemment générationnel, doit être accepté avec beaucoup d'amour et de compréhension, tenter de s'accepter les uns les autres tels que nous sommes. Je pense que si tout le monde fonctionnait comme cela, il y aurait moins de déchirures et moins de jugements également.

LA JALOUSIE

Elle rend aveugle et malheureux ceux qui l'ont en eux.

Je me souviens dans ma jeunesse, ma compagne de l'époque, souvent, me faisait des crises de jalousie face à des filles qui me souriaient sans que je le veuille, dans la rue sans que je ne fasse rien pour. Je la voyais se rendre malheureuse car possessive d'un corps qui ne lui appartenait pas, et je la voyais aussi aveugle de l'amour que je pouvais lui porter. C'est la que j'ai compris que la jalousie n'apporte rien de bon, ni dans un couple, ni dans sa propre vie de tous les jours.

Jalouser les autres ne sert à rien, car rien ne nous appartient sur cette Terre, aucun bien matériel, même notre propre corps ne nous appartient pas. Quand on y réfléchit, nous sommes locataires de tout.

Notre corps, foyer de notre âme, nous est prêté par la nature pour faire notre travail et nous lui rendons une fois le travail terminé. La plupart des gens oublient qu'ils ne sont que de passage sur cette Terre et par définition s'attachent à des biens matériels et de chair, oubliant qu'un jour il faudra laisser tout cela.

LA MAÎTRISE DE SES ÉMOTIONS

Le temps et les expériences de la vie nous apprennent une chose essentielle à notre existence. Apprendre, autant que faire se peut, à maîtriser ses émotions, avant que ce ne soit elles qui ne nous maitrisent.

Nous sommes des êtres sensibles rempli de pleins d'émotions différentes : la colère, la peur, la joie, etc. Si on regarde de plus près, on se rend compte que ces émotions, parfois très fortes, sont capables de provoquer chez nous des actions, de nous faire prendre des directions que nous n'aurions jamais pris si nous avions maîtrisé celles-ci à cet instant.

Apprendre à les maîtriser c'est d'abord prendre du recul, avoir un regard porté sur soi, sur ce que l'on vit, afin de nous permettre de mieux appréhender certaines situations pour ne pas qu'elles nous échappent et que nous le regrettions après.

Maîtriser ses émotions c'est aussi acquérir avec le temps une force intérieure qui nous amènera à la réflexion, peut-être même à la méditation.

Ne vous êtes-vous jamais demandé à quoi peut bien servir la vie, notre vie ?

Pourquoi l'existence ? A-t-elle un but, une explication ?

Dès mon plus jeune âge, je me posais sans cesse cette question, plus encore quand je perdais des êtres chers. La réponse est en chacun de nous ! Donc à vous de la trouver.

Ayant Ia chance, et Ia souffrance de faire partie de ces êtres dits hypersensibles, appelés autrefois écorchés vifs, comme beaucoup d'autres êtres vivants sur cette terre, où tout ce qui est ressenti, émotions, tant dans le physique que dans le psychique, chez nous est décuplé.

Nous mettons sans cesse l'amour de son prochain en-avant, l'amour de Ia nature aussi.

Nous avons aussi, pour beaucoup, au travers de certaines expériences que nous vivons, une ouverture d'esprit autre quand on sait regarder là où il faut, au moment où il faut.

Avoir pleinement conscience de ce que l'on vie au quotidien peut nous amener à percevoir l'imperceptible !

Du point de vue physique, l'hypersensibilité peut se traduire aussi de différentes manières.

Je me souviens depuis tout petit, le moindre choc thermique provoquait chez moi des séances d'éternuements qui n'en finissaient pas. II suffisait que je pose le pied par terre le matin sortant du lit et c'était parti.

Plus tard, dans un autre domaine, en apprentissage de cuisine, je salais mes plats qui pour moi, semblaient largement bien salés et à chaque fois je me faisais réprimander par mon chef, qui lui, ne les trouvaient jamais assez salés.

D'autres exemples :

» Ne pas supporter les ondes radio émises par les téléphones portables qui vous donnent mal au crâne et qui, une seconde après que le téléphone soit éteint, vous ne ressentez plus la douleur.
» Ne pas supporter le son trop fort, quel qu'il soit.
» Être très attentif au verbe, à ce que l'on peut vous dire (ce dernier peut être lié à de l'orgueil). A travailler !

» N'avoir besoin que d'un quart des médicaments prescrits par votre médecin, cela est tout aussi efficace sur vous. J'en ai fait personnellement l'expérience.

D'un point de vue psychique :

» Vous réveillez quelques minutes avant que votre conjoint vienne se coucher à vos côtés, alors que vous dormiez à poings fermés.
» Et de Ia même manière, ressentir cinq à dix minutes à l'avance que votre conjoint va rentrer à Ia maison, peu importe ce qu'il ou elle était partie faire. Peu importe si cela est dans ses habitudes ou pas. Cela ne change rien.
» Se réveiller cinq minutes avant que votre réveil ne sonne et cela à des heures totalement inhabituelles.
» Percevoir chez l'autre l'hypocrisie, voir le mensonge par tous les petits détails qui les définissent.

Pour ma part, cela va même parfois jusqu'à Ia vision par des flashs visuels d'accidents qui, du coup, sont évités in extrémis.

Voici ici tout un panel de détails que les hypersensibles reconnaîtront sûrement.

Partant de ce constat, je vais vous raconter quelques anecdotes liées à l'hypersensibilité et au regard sur soi. Eloquentes, elles vous parleront sûrement ou, en tout cas, vous rappelleront certainement pour certains, des histoires similaires vécues par vous-mêmes.

—◦}} {{◦—

Ce que je vais vous raconter maintenant sont des passages de ma vie que beaucoup d'entre vous trouveraient extraordinaires pour les uns, juste des mensonges ou des illusions pour les autres.

D'autres encore diraient que cela est normal quand on sait ou-
vrir les yeux sur sa propre vie et que l'on a Ia chance d'avoir sa
conscience quelque peu éveillée.

À Ia mort de mon grand-père maternel, je me souviens que ce
jour-là, ma compagne me dit en rentrant du travail : « Je suis
désolée, mon chéri, mais ton grand-père est décédé. »
  Comme vous vous en doutez, cela a été pour moi une grande
peine sur le moment. En allant me coucher ce soir-là, sur mon
oreiller, il y avait une odeur très prenante, très forte, quasi in-
tempestive qu'était celle de mon grand-père, et sur mon front,
tout au long de cette nuit, j'ai ressenti un point de pression à la
conjoncture du nez et des sourcils.
  L'odeur m'a accompagné jusqu'au petit matin. J'ai su en cet
instant et cette nuit-là, que mon grand-père était à mes côtés,
que son âme avait passé la nuit à mes côtés, avec moi, et donc
m'a enlevé toute peine que j'avais de l'avoir perdu.
  Je compris ce jour-là que la mort n'était qu'un passage vers
un autre monde, que nous avions bien une âme présente et bien
vivante malgré la mort de ce corps.

Ressentir à vos côtés la présence d'âmes de personnes disparues
depuis peu ou depuis des années, peut faire partie de cette hypersensibilité. Certaines âmes restent sur le plan terrestre parfois très longtemps rattaché à leurs familles ou à d'autres choses
plus matérielles qui les retiennent ici-bas, avant de s'envoler
vers d'autres cieux. J'en ai fait plusieurs fois l'expérience.

Peu de temps après Ia mort de mon grand-père, je dois avoir
23–24 ans, motard à l'époque, j'habite St Paul en Chablais en
Haute Savoie. Ce matin-là, je descends de St Paul à moto pour
me rendre au centre-ville d'Evian les bains.

Je roule un peu vite sur une ligne droite au bout de laquelle j'aper-
çois un virage. Au même moment, j'ai ce que je pourrais appeler un « flash visuel » qui ne dure qu'une fraction de seconde et
par lequel je vois, dans ma tête, l'image d'une voiture me cou-
pant la route dans le virage au loin. Cette image très brève, que
je reçois devant mes yeux, me donne instinctivement le réflexe
de ralentir ma vive allure avant d'amorcer ce fameux virage. Je
le prends donc finalement à allure normale et freine au bout de
celui-ci car une voiture vient me couper la route.

J'ai pu, grâce à ce flash visuel, m'arrêter à temps pour éviter
cet accident.

Il va sans dire quelle a été ma stupéfaction quand j'ai pris
conscience de ce qu'il venait de se passer. Je me souviens m'être
mis sur le bas-côté pour réaliser durant quelques instants.

Cet épisode marquant c'est reproduit à plusieurs reprises au cours
de ma vie et m'a permis d'éviter quelques accidents qui auraient
pu être fatal, autant pour moi que pour d'autres.

Certains psychologues pourraient expliquer cette manifesta-
tion par notre inconscient ou subconscient qui lui, a développé
un système d'autodéfense de notre corps que nous ne maîtri-
sons pas, qui est automatique. J'aurais été d'accord avec cette
idée de subconscient nous protégeant jusqu'au jour où un matin, quelques années plus tard, partant à mon travail en voiture, je reçois de nouveau un flash visuel d'un ballon traversant
une route et d'un enfant courant après. Je me rends donc à mon
travail à allure normale, gardant en mémoire ce nouveau flash.

À ma grande surprise, j'arrive à mon travail ce jour-là, sans qu'il
ne se soit passé quoi que ce soit sur le trajet. Je fais ma journée de
travail et reprends le chemin du retour pour la maison en fin de
journée, prudemment, gardant en-tête le message reçu du matin.

Et ce que j'avais vu ce matin-là, en partant de Ia maison, se produit le soir, sur Ia route me conduisant de mon travail à mon domicile. Route que je prenais tous les jours. J'arrive à Ia hauteur d'un petit hameau que je traversais après un virage. Je vois un ballon de l'autre côté de Ia route devant une maison, et devant cette maison un enfant prêt à traverser pour aller chercher son ballon et son père le retenant.

Quelle autre explication pour moi qu'une aide venue d'ailleurs.
Je remercie le ciel de ce message reçu.

L'âme et l'esprit sont deux choses différentes et pourtant bien liées. J'ai eu Ia chance de m'en rendre compte comme des milliers de gens sur cette terre lors d'un voyage au-dessus de moi.

Votre âme peut très bien voler au-dessus de vous, de votre corps, et vous, en êtes pleinement conscient. Cela est une expérience inoubliable.

LE VOYAGE AU-DESSUS DE SOI

Nous sommes en pleine journée, dans le début des années 2000.

Il est entre 14 h et 15 h. Je rentre du travail, car je suis cuisinier à Sainte-Maure-de-Touraine à cette époque-ci. Je m'apprête à faire une petite sieste avant de repartir vers 17 h pour le service du soir. Je suis extrêmement fatigué, et décidé de m'allonger dans mon lit afin du faire une petite sieste réparatrice. Il ne faut que quelques instants pour me perde dans ce qui me semble être un sommeil éveillé, si je peux appeler cela comme ça.

Et là, je me retrouve en l'espace d'un instant, pleinement conscient, en train de flotter au-dessus de moi dans un espace de brouillard grisonnant dans lequel je me sens bien. Cela ne dure que quelques secondes.

D'après moi, et puis au bout d'un moment, je réintègre mon corps physique, mon corps de chair en un éclair. Ce retour dans mon corps est horrible de douleur avec une sensation de mal-être que je n'avais jamais connu auparavant.

C'est pour cela que ces expériences vécues sont réelles, cela ne fait pas partie de notre imagination, c'est quelque chose que l'on ne pas oublier tellement cela vous marque profondément.

Quelques secondes après avoir réintégré mon corps de chair, j'entends dans l'escalier de mon immeuble les pas d'une personne qui vient de rentrer … C'est ma femme.

Depuis longtemps, partout dans le monde, des hommes et des femmes témoignent à l'unisson de leurs expériences de « mort clinique » constatée par les médecins, puis réanimés par ces derniers.

Tous racontent Ia même chose. Le vol au-dessus de leur propre corps, le fait qu'ils voyaient et entendaient tout ce qui se passait à ce moment-là dans Ia pièce avant d'être réanimé.

On peut clairement vivre cette expérience sans être forcément proche de Ia mort.

Peu de temps après cette expérience, un drame se joue pour l'un de mes meilleurs amis. Ce jour-Ià, je suis à mon travail au restaurant, préparant le service du soir quand, d'un seul coup, dix minutes après mon arrivée, mon directeur vient me voir affolé, me demandant si je sais où habite l'épouse de mon chef, David, qui n'est autre que mon meilleur ami, et qui vient d'avoir un accident de la route.

Je lui dis oui et l'accompagne en voiture jusqu'à sa maison afin de prévenir son épouse du drame qui vient de se produire. Cet accident est arrivé quelques minutes après que je sois passé au même endroit que lui.

Plus tard, revenu de chez son épouse à qui nous venions d'annoncer Ia mauvaise nouvelle, nous faisons le service du soir le cœur lourd et angoissé de savoir si notre chef et ami va bien.

Je rentre chez moi en fin de soirée, sans nouvelles de lui.

Son épouse m'appelle quelques instants après mon arrivée à Ia maison pour me signaler le décès de David et me dit qu'elle se rend à l'hôpital pour reconnaître le corps de son mari. Je décide évidemment de l'accompagner. Nous sommes encore sous le choc.

Arrivés à l'hôpital, on nous fait rentrer dans Ia pièce où est le corps sans vie de mon ami. Après un certain temps de recueillement, avant de sortir de cette salle, je m'approche de David pour l'embrasser une dernière fois, et Ià, juste à l'instant où je mets ma main sur son front, je reçois en pleine face « mentale », si je peux dire ainsi, l'incompréhension de mon ami qui se demande ce qu'il fait Ià, ainsi que le refus de son âme, à ce qu'il vient de lui arriver. (David est jeune, il a 33 ans, et laisse derrière lui une femme et trois enfants qu'il aime plus que tout.)

Etant habitué depuis plusieurs années déjà à ces phénomènes de flash mentaux (paranormaux), je ne suis plus étonné. Mais je comprends ce qu'il ressent, ce que son âme ressent !

Je décide de raccompagner sa femme jusqu'à chez elle et reste avec pour ne pas qu'elle se retrouve seule ce soir-Ià. Nous nous saluons tristement, je m'allonge par terre dans le salon pour essayer de trouver le sommeil, elle est partie dans sa chambre. Je n'arrive évidemment pas à dormir ce soir-Ià, perturbé par mes pensées, et malgré tout, par mon chagrin, puis au bout d'un certain temps, une heure ou deux, je ne saurai dire, allongé sur le dos, je vois apparaître un voile blanc, comme un nuage juste au-dessus de moi, et qui descend vers moi. Je me sens bien à ce moment-là et m'endors dans la seconde qui suit.

MON FILS QUENTIN
(MAÎTRESSE, MAÎTRESSE)

Voici encore une fois un nouvel exemple de petits détails que l'on peut percevoir si l'on est attentif à ce que l'on vie. Cela est possible pour tous, aillant un regard affuté, porté sur vous, vos actions, vos pensées et ce qui en découle.

Nous sommes avec mon épouse et mon fils ce soir-là, dans une grande surface, faisant nos courses comme tout le monde. Rien de plus banal. Mon fils, Quentin, cinq ans, est assis dans le siège bébé du cadi que je pousse. Une fois nos courses terminées, nous nous dirigeons vers Ia caisse afin de régler. Nous posons nos achats sur le tapis, disant bonsoir à Ia caissière qui nous reçoit, elle nous répond et au même instant, mon fils regarde Ia caissière, Ia montre du doigt en disant ces mots : « maîtresse, maîtresse ».

La caissière que nous ne connaissions pas, nous regarde avec stupéfaction et dit ceci : « Elle est pas mal celle-ci ! Comment peut-il savoir ? »

Et Ià, je lui dis : « Quoi donc, Madame ? »

La caissière me répond : « Et bien je suis actuellement caissière de supermarché, car je n'ai pas encore réussi à trouver un emploi dans ce qui est mon vrai métier, maîtresse des écoles, un métier que j'adore ! »

Beaucoup de gens diraient que cela est le fruit du hasard ! Je suis convaincu qu'il y a eu, à ce moment-Ià quelque chose de bien plus que cela. Pour moi, le hasard n'existe évidemment pas, et nous avons parfois des petits signes comme celui-ci qui prête à sourire, mais aussi à réflexion, et dont Ia plupart des gens ne prêtent

aucune attention et n'ont même pas conscience. Et à ceux qui
auraient encore des doutes en me disant « pure coïncidence »,
ou « cette dame ressemblait peut-être à sa maîtresse », je leur
répondrai qu'à cette époque, mon fils n'avait pas une maîtresse,
mais un maître des écoles.

MON FILS A UN RÊVE PRÉMONITOIRE

2018, mon fils Quentin, à ce jour-là un accident de scooter. Je lui dis chaque matin de faire très attention, mais ce jour-là, une seconde d'inattention lui coûte de finir dans le décor. Heureusement, rien de grave.

Il rentre à la boulangerie où nous travaillons mon épouse et moi, et il nous raconte ce qu'il s'est passé. Une fois à l'appartement, mon fils vient me voir dans mon bureau et me dit : « Tu sais papa, j'ai rêvé de cet accident la nuit dernière ».
Je lui répond : « Moi aussi j'ai ressenti que quelque chose allait arriver ce jour-là ».

Je me souviens ne pas avoir été tranquille jusqu'à ce qu'il rentre à la maison. Certains psychologues diraient que cela est l'effet de l'inconscient qui, nous faisant faire un rêve de ce type la veille, nous conduirait inconsciemment à provoquer un accident le lendemain. Je ne suis pas d'accord avec cette théorie, car si l'on considère que le travail perpétué de notre cerveau est de nous protéger, en comparant par nos pensées notre passé, et en se projetant dans le futur, on peut considérer que notre inconscient ne peut pas provoquer lui même un accident par le biais d'un rêve, encore moins si le ressenti vient d'une autre personne.

—⋅≫ ≪⋅—

Comme je le disais au début de ces histoires, j'ai pratiqué durant quelques années le yoga avec des exercices de respiration qui nous permettait, avec l'aide du mental et de la concentration, de voir, les yeux fermés, en nous, la visualisation d'une rose de cristal bleu. Aujourd'hui, pratiquant Ia méditation ainsi que des exercices de respiration quotidiennement, avec toujours l'aide de Ia concentration et du mental, on peut percevoir les yeux fermés et dans le noir, une petite lueur, une étincelle, une boule d'énergie à la base du nez et à la conjoncture des sourcils.

Partant même dans Ia béatitude de cet instant, on peut se voir tout blanc avec de Ia pratique, bleu ou mauve, jusqu'à en oublier même l'existence de notre corps physique. La méditation, ainsi que ses exercices de respiration vous apporte un bien-être extraordinaire, quand ces exercices de respiration sont bien faits, ils régénèrent les cellules de notre corps. C'est ce que mon père m'a appris.

Il ne faut pas oublier que dans l'habitude et sans s'en rendre compte, nous respirons de manière très succincte, c'est-à-dire que nous ne respirons qu'à 30 % de notre capacité pulmonaire réelle. En pratiquant ces exercices de manière quotidienne, vous permettez à votre organisme de renouveler totalement ou presque, l'air vicié qui est dans vos poumons. Tel des apnéistes dont j'ai fait partie à un moment donné dans ma vie, et qui ont prouvés, pour les meilleurs, le potentiel extraordinaire de ces exercices de respiration.

Voilà pourquoi, comme je le disais au début de ce livre, par une petite pensée, le souffle, (la respiration) est plus important que l'on ne croit.

LE SOUFFLE ENCORE

En 2018, je décide de changer ma technique de respiration, essayant Ia technique d'un homme appelé Wim Hof, connu dans le monde entier. Apnéiste confirmé, détenteur de nombreux records d'apnées sous glace, il est aujourd'hui une légende, mais aussi un mystère pour les scientifiques qui n'arrive toujours pas à comprendre comment, par de simple exercices de respiration, il arrive à déjouer le processus d'un virus injecté volontairement en hôpital par des médecins et dont il se sort sans mal pendant que d'autres, à qui l'on a injecté le même virus mais qui ne pratiquent pas d'exercices de respiration, sont malades.

Donc, pour avoir moi-même pratiqué Ia technique de Wim Hof, je peux vous confirmer de son efficacité, mais aussi vous affirmer avoir passé en plein hiver, dans des vignes de Cognac, ville où je travaillais à l'époque, plus d'une heure de marche torse nu sans ressentir le moindre froid, Ia moindre gène, et évidemment, sans tomber malade le lendemain.

C'est d'ailleurs avec humour qu'un soir, en plein hiver, revenant d'une balade dans les vignes dans les conditions indiquées avant, que je me suis surpris faisant des courses au magasin en tenu légère, pantalon et teeshirt, me rendant compte du regard des gens moi qui ne comprenais pas, eux qui pour Ia plupart, étaient emmitouflés dans leur manteaux d'hiver.

Pratiquant ces exercices de respiration depuis plusieurs semaines maintenant à l'époque, un jour après le travail, je fais une sieste quotidienne, et fait un rêve dont je ne me souviens pas, mais Ia fin qui elle, m'a marquée, était assez particulière. A la fin de ce rêve, je vois les chiffres « 5, 4, 3, 2, 1 » et au moment où dans mon rêve je vois le chiffre 1, mon réveil se met à sonner juste à ce moment-là.

Je parlais de renouvellement des cellules de notre corps, en rapport avec les exercices de respiration, peut-être cela était-il lié. Je ne l'explique pas encore à ce jour.

—·⟩⟩ ⟨⟨·—

Je terminerai ces quelques lignes en ajoutant ceci :

Nos multiples vies sont des leçons que nous devons apprendre de nous-même. En ayant un regard porté sur soi. Voici ce que signifie « Connais-toi toi-même et tu connaîtras l'univers et les Dieux » de Socrate.

Mon but, écrire de l'amour, car il est Ia seule et vraie raison de vivre, mais aussi Ia volonté d'éveiller les gens à une autre façon de voir et d'aborder Ia vie.

Un rappel sans doute, car depuis longtemps, bien d'autres que moi ont à plusieurs reprises, passé des messages semblables. Se rendre compte que bien souvent, les hommes et les femmes de cette Terre, n'ont de cesse de se comparer les uns les autres, de se juger les uns les autres, rarement de s'observer soi-même. Pourtant, Ia vérité sur l'existence est bien présente en nous.

Si I'on se donne le courage, si l'on apprend à inverser ce processus et à avoir un regard porté sur soi et non sur les autres, on y découvre des vérités qui nous amènent à plus de tolérance, à plus de compréhension, de compassion, d'amour envers les siens.

NuI n'est parfait, faisons l'effort de s'accepter tel que I'on est.

Prendre conscience de l'importance de notre corps physique, véhicule de notre âme, à qui nous devons du respect, du bien-être, autant que faire se peut.

Par de petits gestes quotidiens, respirations profondes, méditation, les deux vont de pair et peuvent ne prendre que quelques
minutes par jour.

Ces exercices nous permettent d'une part de nous régénérer, de
lâcher prise à nos problèmes du quotidien et d'être dans l'instant présent.

EX

L'auteur F-B. Laurent Joseph
remercie ceux qui l'ont
aidé dans ces écrits.

Lezalel, Mebahel, Hariel,
Hekamiah, Lauviah, Caliel.

Ainsi que Joëlle et Chantal.

Pour l'amour de mes enfants
Quentin et Lilou et l'éveil
de leur conscience.

L'auteur

Né le 27 mai 1970 à Montbéliard dans le Doubs,
je serai tout au long de ma scolarité une personne
solitaire, souvent dans la lune et toujours émerveil-
lé par la nature qui m'entoure.
Après une scolarité plutôt chaotique au début, je
trouve ma voie dans l'art culinaire. Cuisinier dans
un premier temps, puis pâtissier dans un second.
Parallèlement à cette vie professionnelle débor-
dante d'activités, je me marie et ai deux enfants.
Mais toujours en moi cet émerveillement de la
nature et ce questionnement sur la vie. Pourquoi la
vie ? Dans quel but ? De nombreuses lectures à ce
sujet, sur la philosophie de la vie et une recherche
intérieure profonde à travers des activités tels que
le yoga et la méditation. Aujourd'hui séparé de
mon épouse, je suis assistant de direction pour une
boulangerie en Haute Savoie.